Sumário

 ## Capítulo 1

1. E Agora, o Que a Gente Faz? — 7
2. Vento e Fogo dos Céus — 12
3. Mais Do Que Você Pediu — 24
4. Será Que Tudo Isso É Verdade? — 32
5. A União dos Discípulos — 38
6. A Prisão dos Apóstolos — 43
7. Chamados Para Servir — 50
8. O Preço da Convicção — 55
9. O Fogo Se Alastra — 65
10. Os Manuscritos Antigos São Desvendados — 67
11. Cegado Pela Luz — 79
12. Nem Estrangeiros, Nem Patrícios — 92
13. Um Novo Mensageiro — 107
14. Anjos da Guarda — 110
15. Enviados ao Mundo — 127

 ## Capítulo 2

16. Nada Pode Deter as Boas Notícias — 132
17. Eles São Deuses? — 140
18. A Primeira Missão — 151
19. Problemas do Crescimento — 152
20. A Segunda Missão — 153
21. O Aprendiz — 156
22. A Comunidade Cresce — 159
23. Confronto Entre Poderes — 165
24. Virando o Mundo de Cabeça para Baixo — 177
25. O Povo do Livro — 181
26. O Deus Desconhecido — 185
27. Boas Novas, Muita Coragem — 192
28. Fortalecendo os Discípulos — 202
29. Um Gênio Domável — 204
30. A Terceira Missão e Além — 208
31. Sonho... ou Missão? — 220
32. Dando A Vida Pela Verdade — 234
33. Nuvens Negras — 240
34. Defendendo a Verdade — 264
35. Grandes Problemas, Oportunidades Maiores — 270
36. Esperança no Coração do Império — 278

 ## Cartas às Igrejas

Carta aos Cristãos de Filipos — 176
Carta aos Cristãos de Corinto — 201
Carta aos Cristãos de Éfeso — 219
Carta aos Cristãos de Roma — 224

Personagens — 284
As Viagens Missionárias de Paulo (Mapa) — 286
Cronologia — 287

Capítulo 1

Atos 2.1-4

Atos 3.1-11

Atos 3.1-11

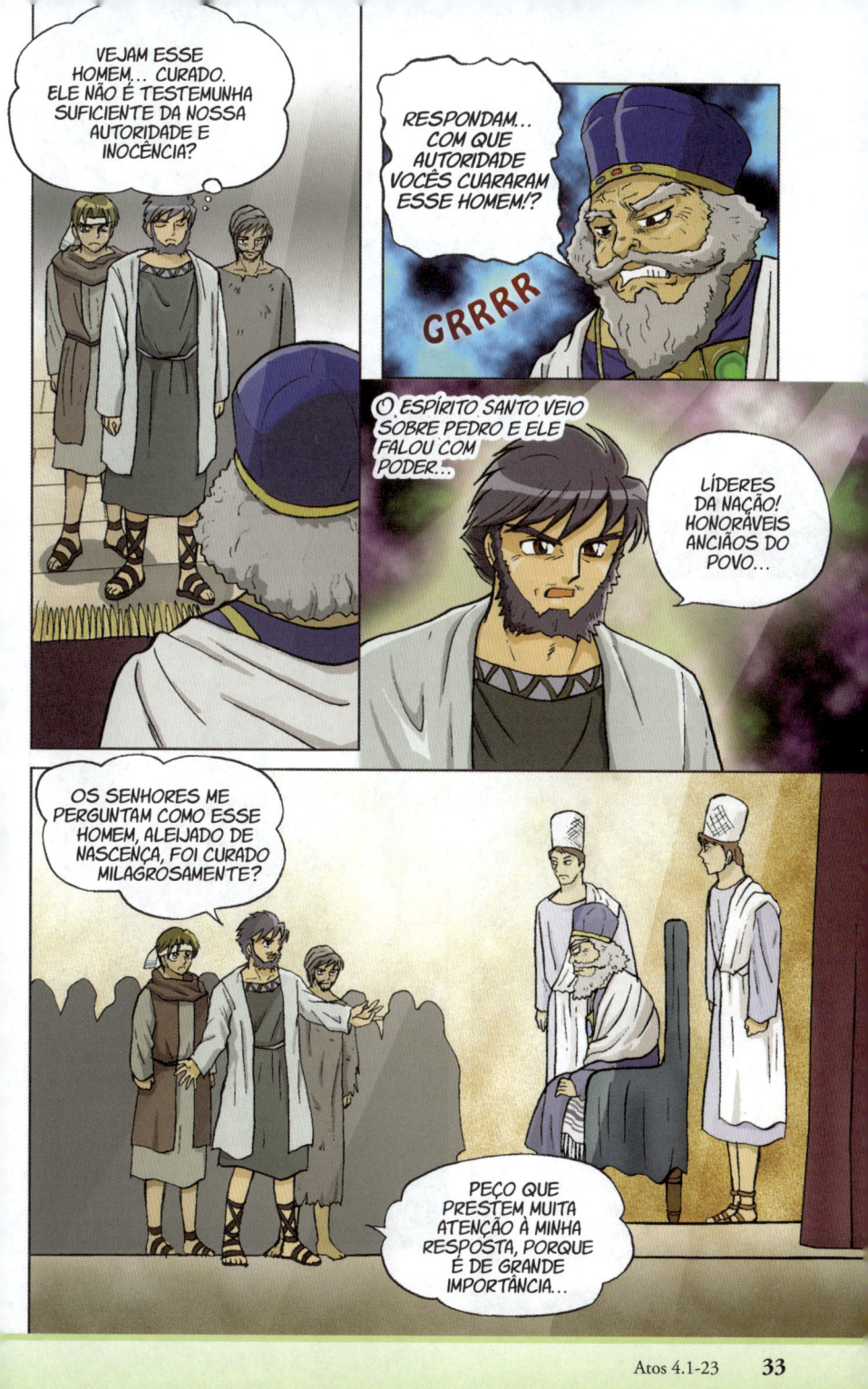

Atos 4.1-23

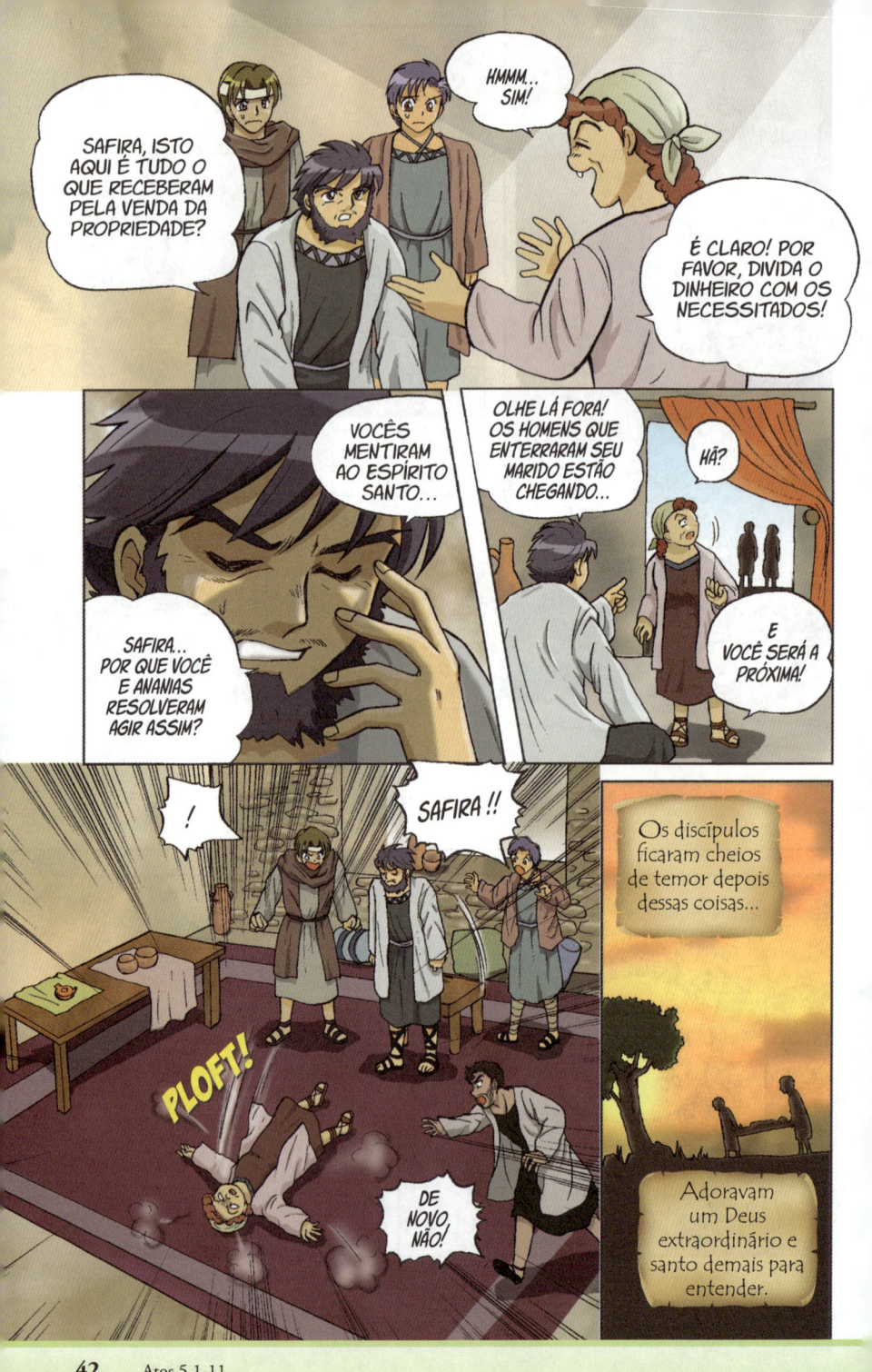

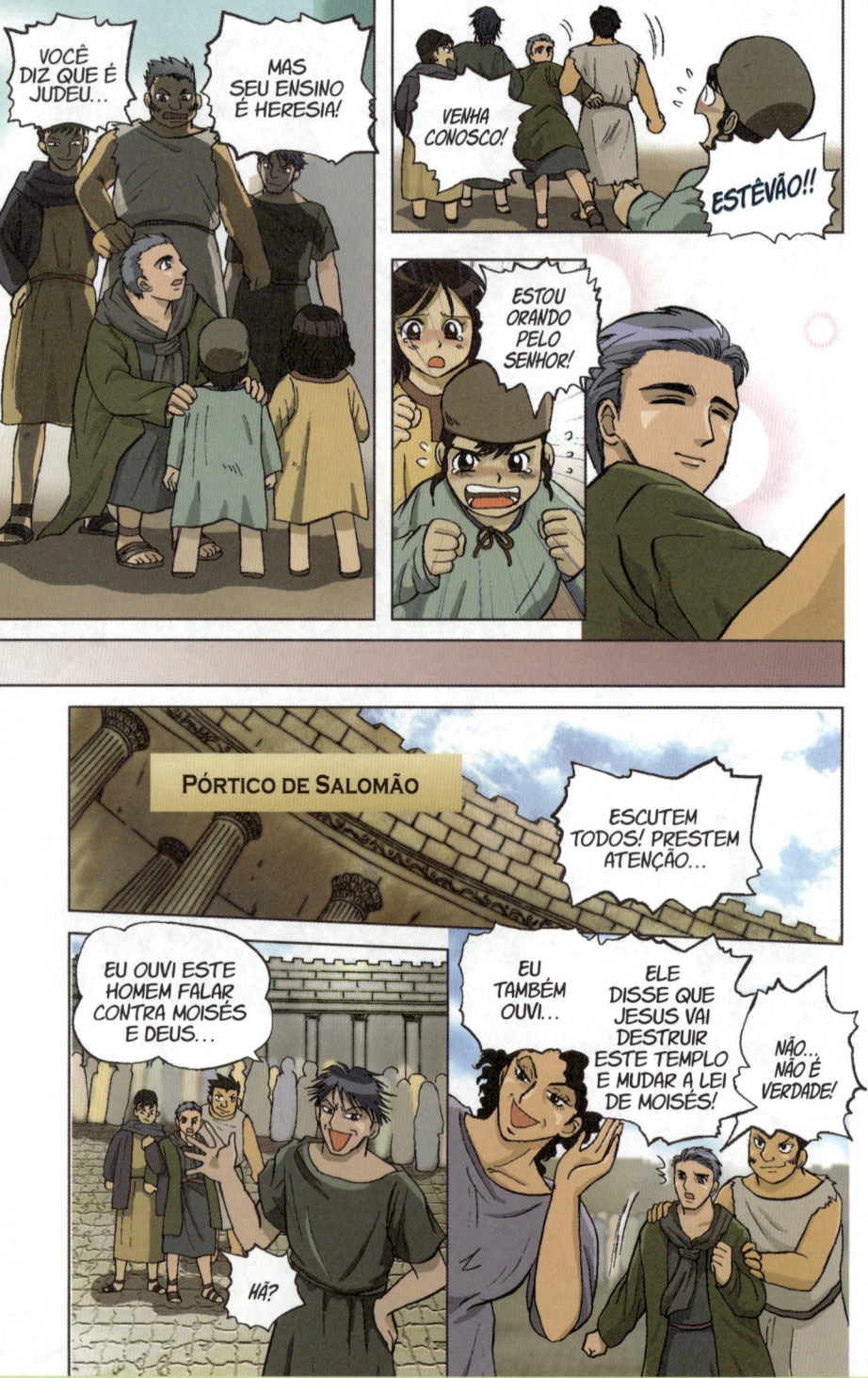

Atos 7.54-8.1

Atos 9.1-19

Atos 9.1-19

Atos 10.1-8

Atos 10.9-23

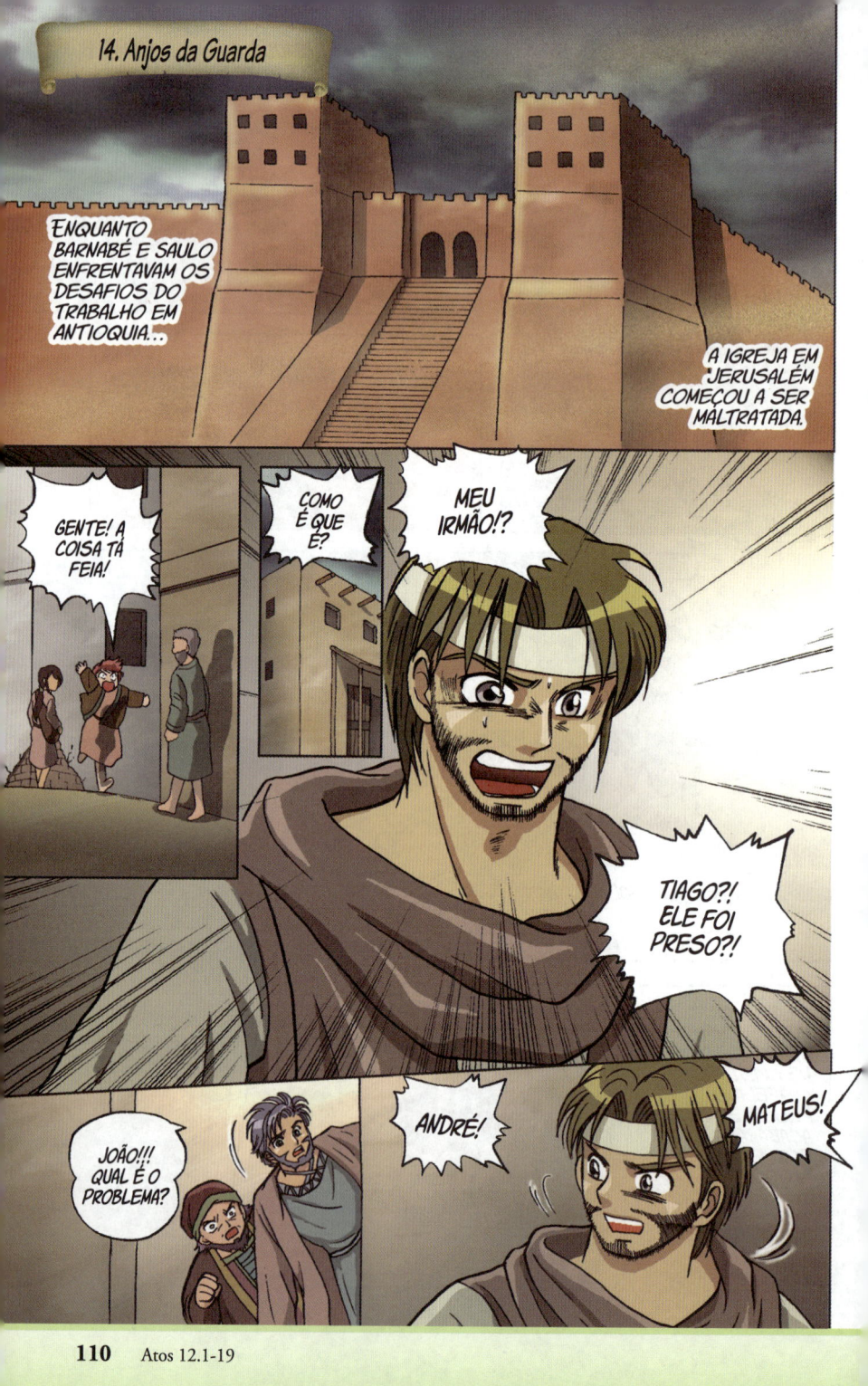

Atos 12.1-19

Atos 12.1-19

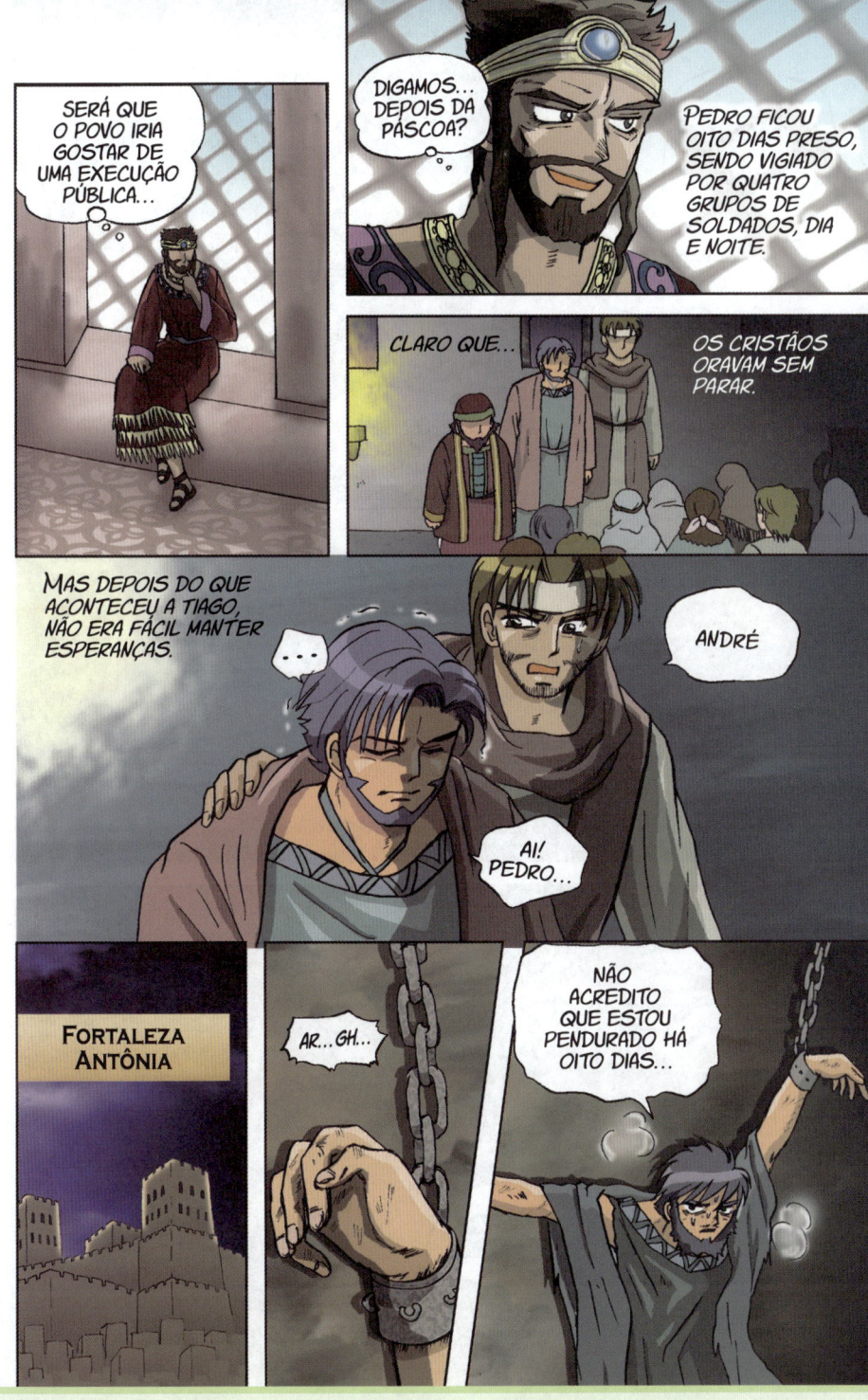

Atos 12.1-19

Atos 12.20-23

Capítulo 2

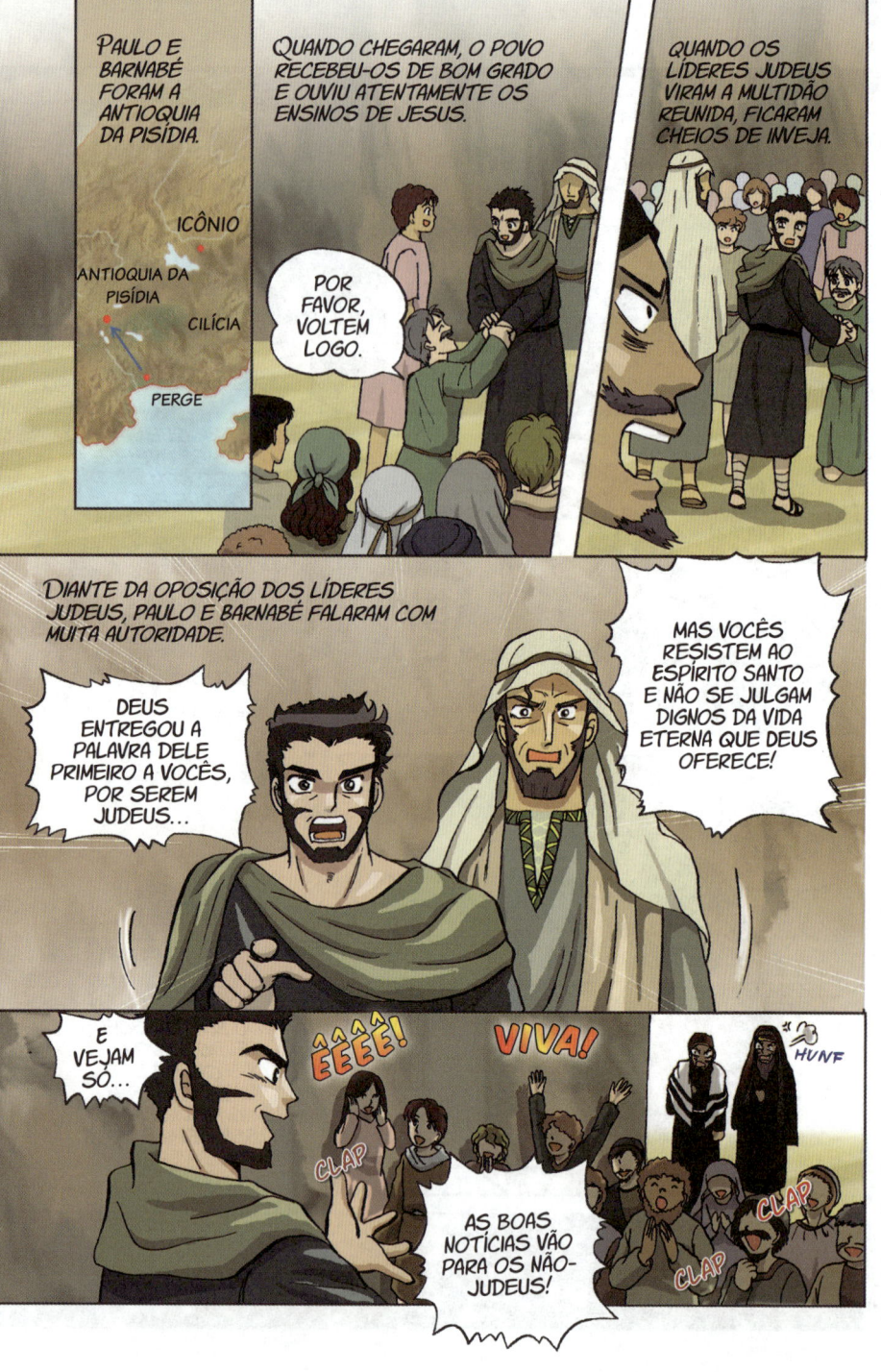

Atos 14.7-20

Atos 14.7-20

Atos 14.21-28

Atos 16.1-5

Atos 16.6-9

162 Atos 16.6-9

Atos 16.16-40

Atos 18.18-23

Atos 19.1-41

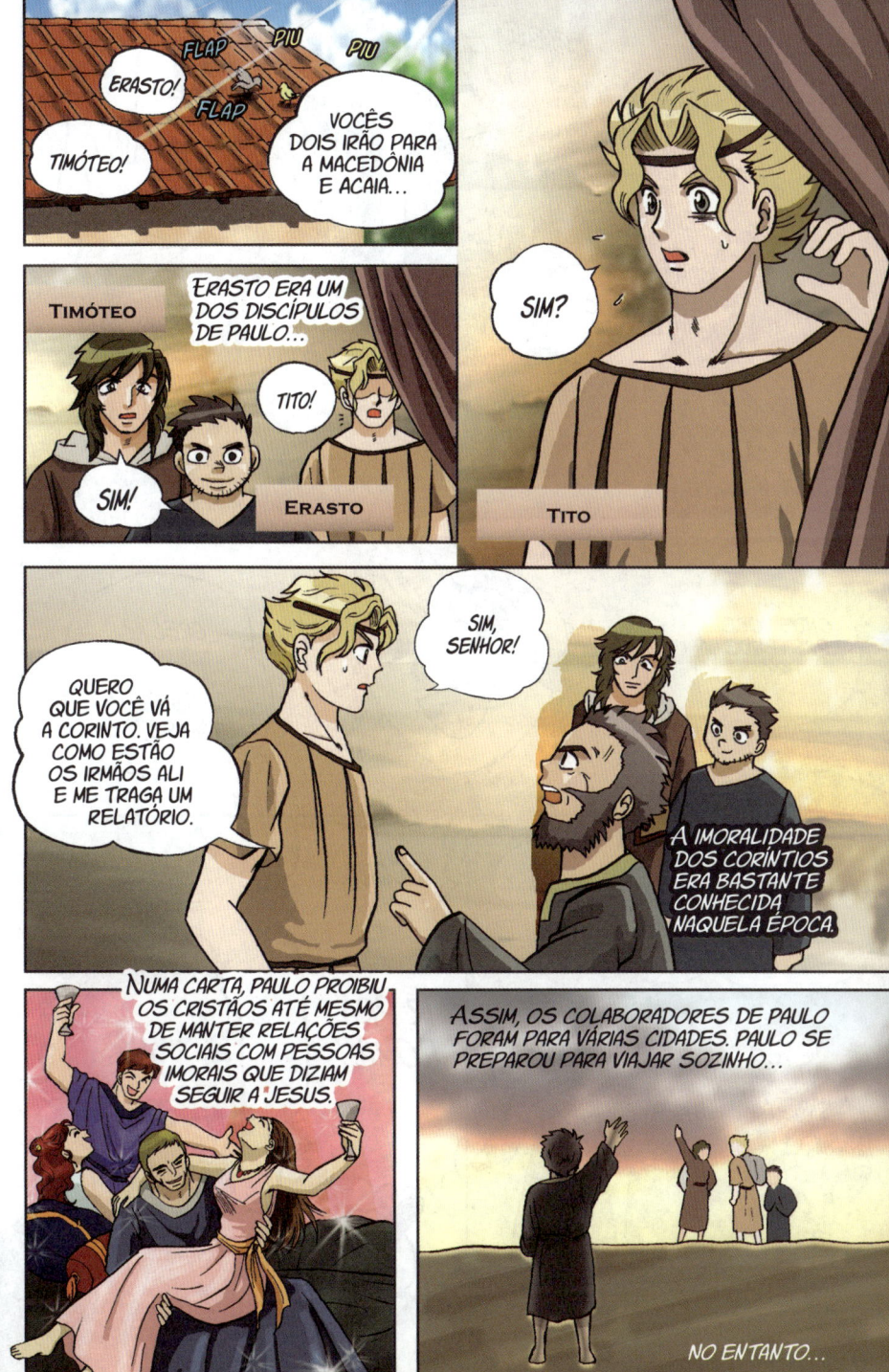

Livro de Efésios

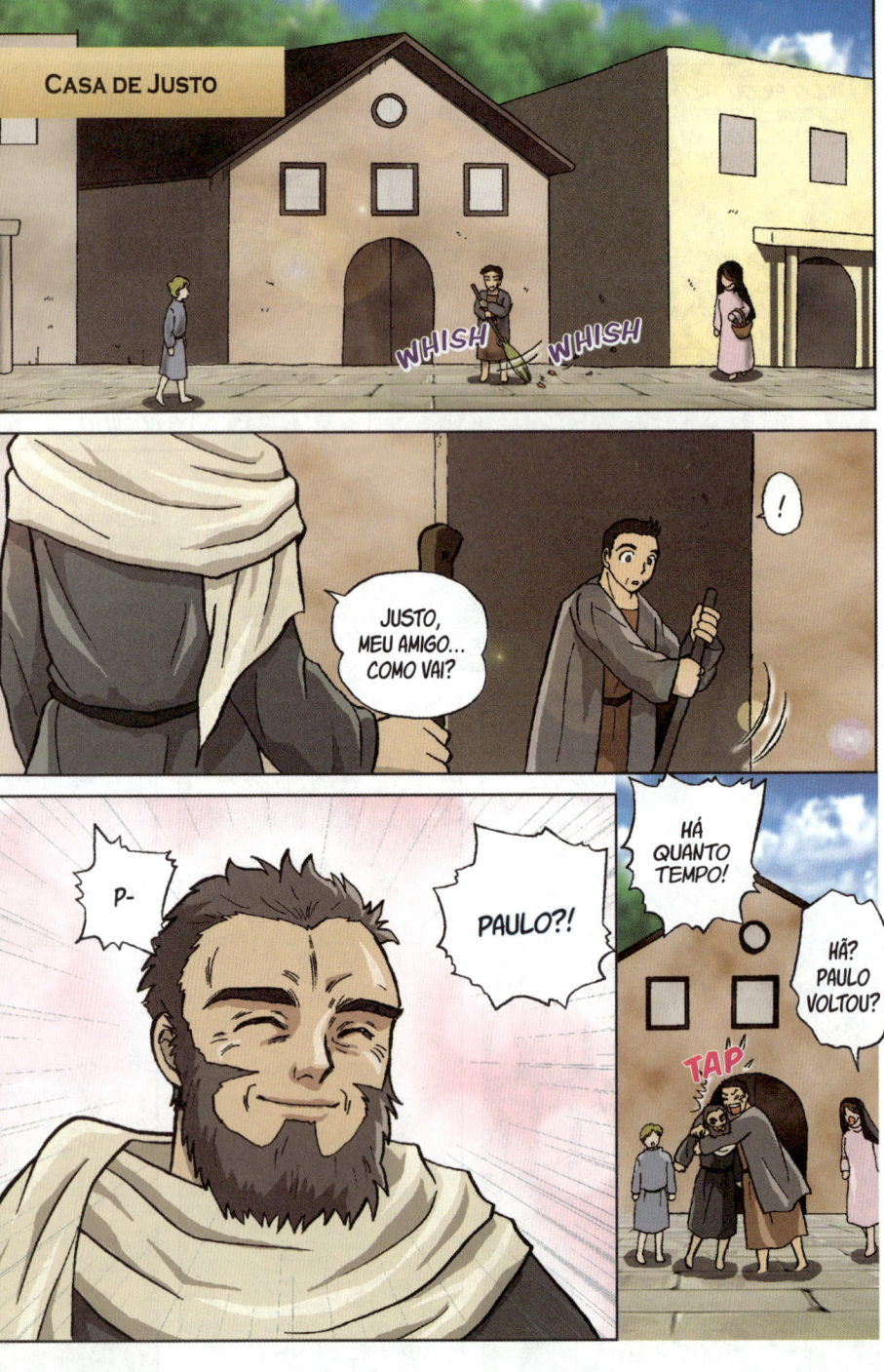

Atos 21.1-15

Atos 21.16-36

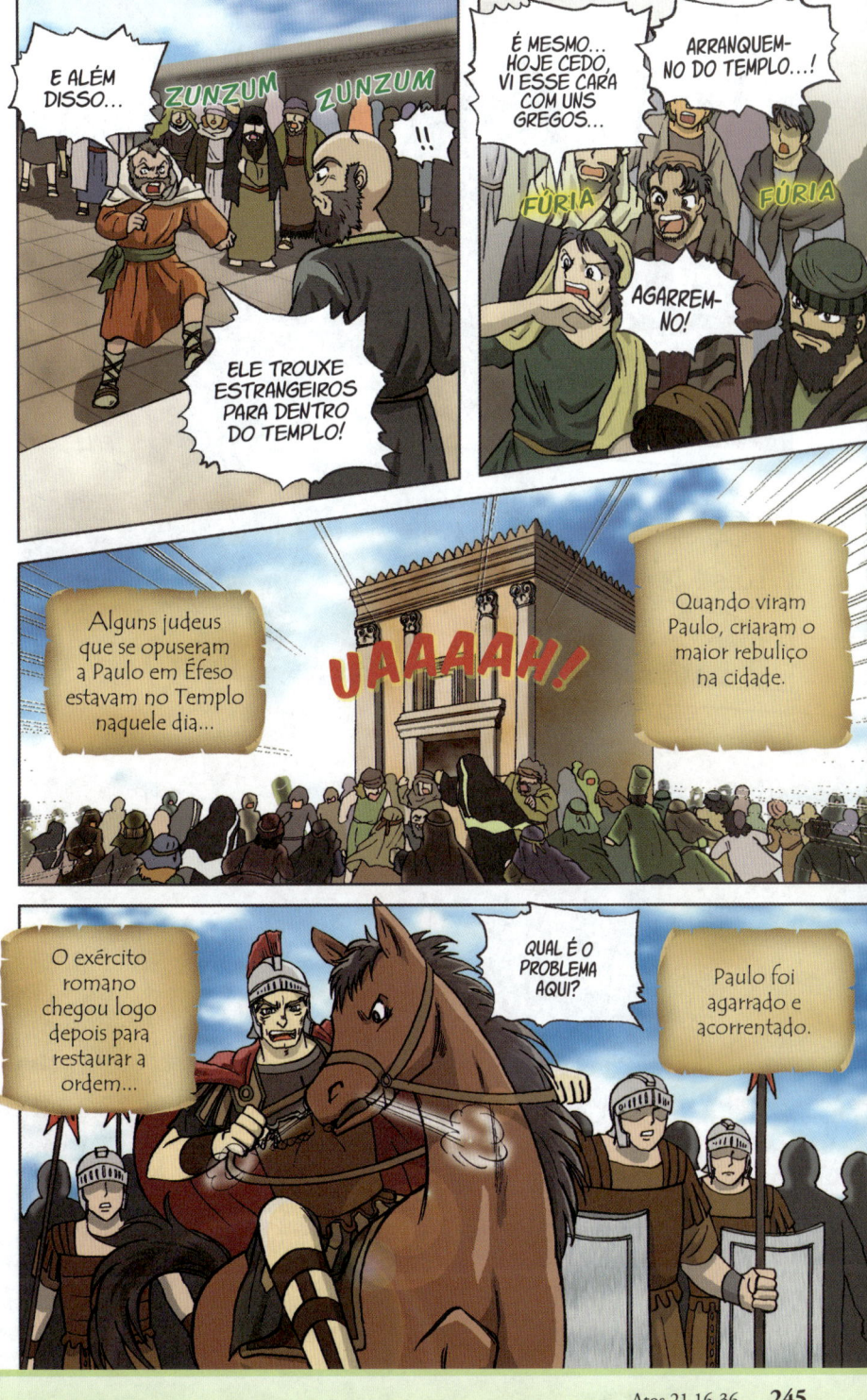

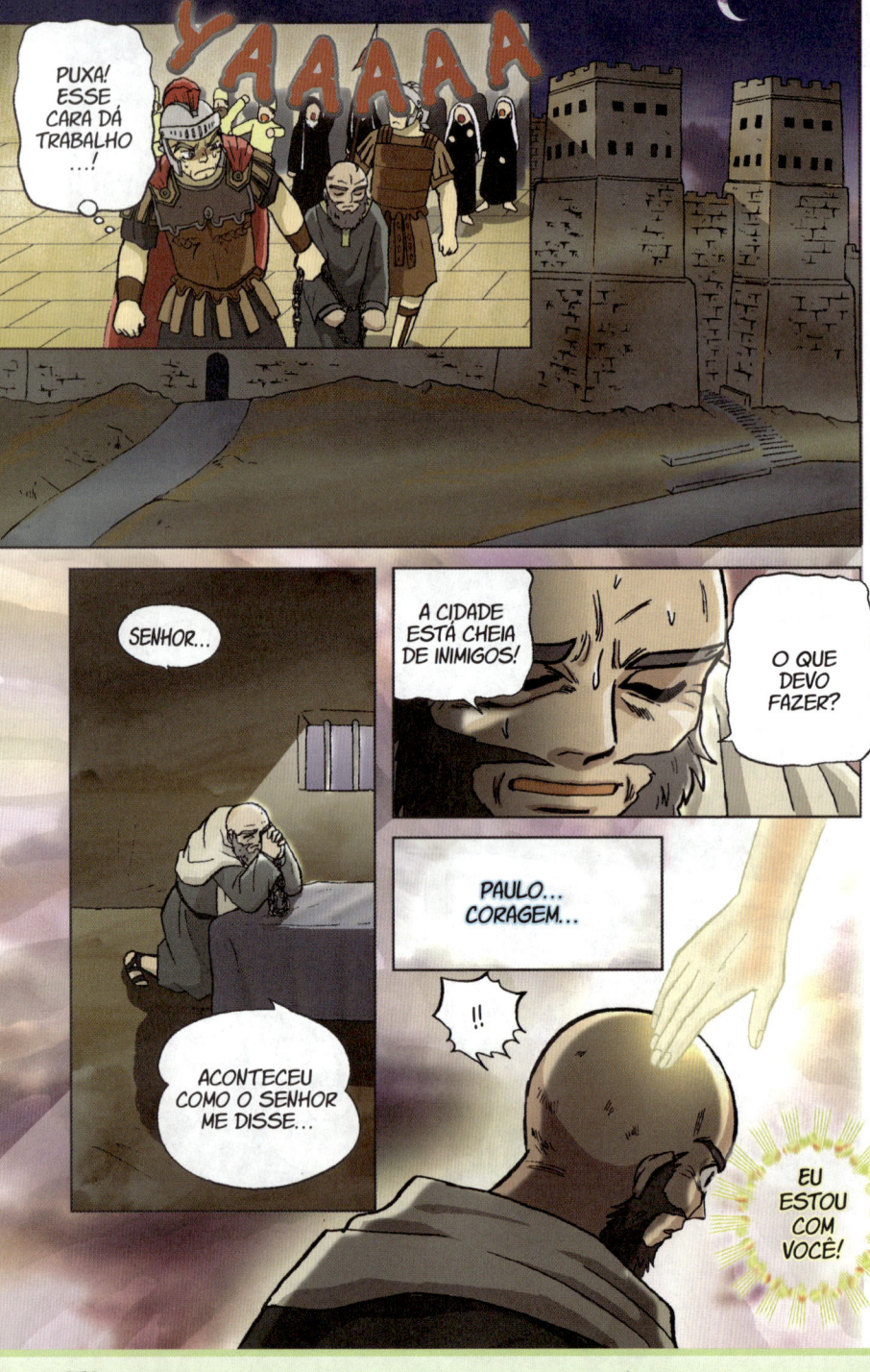

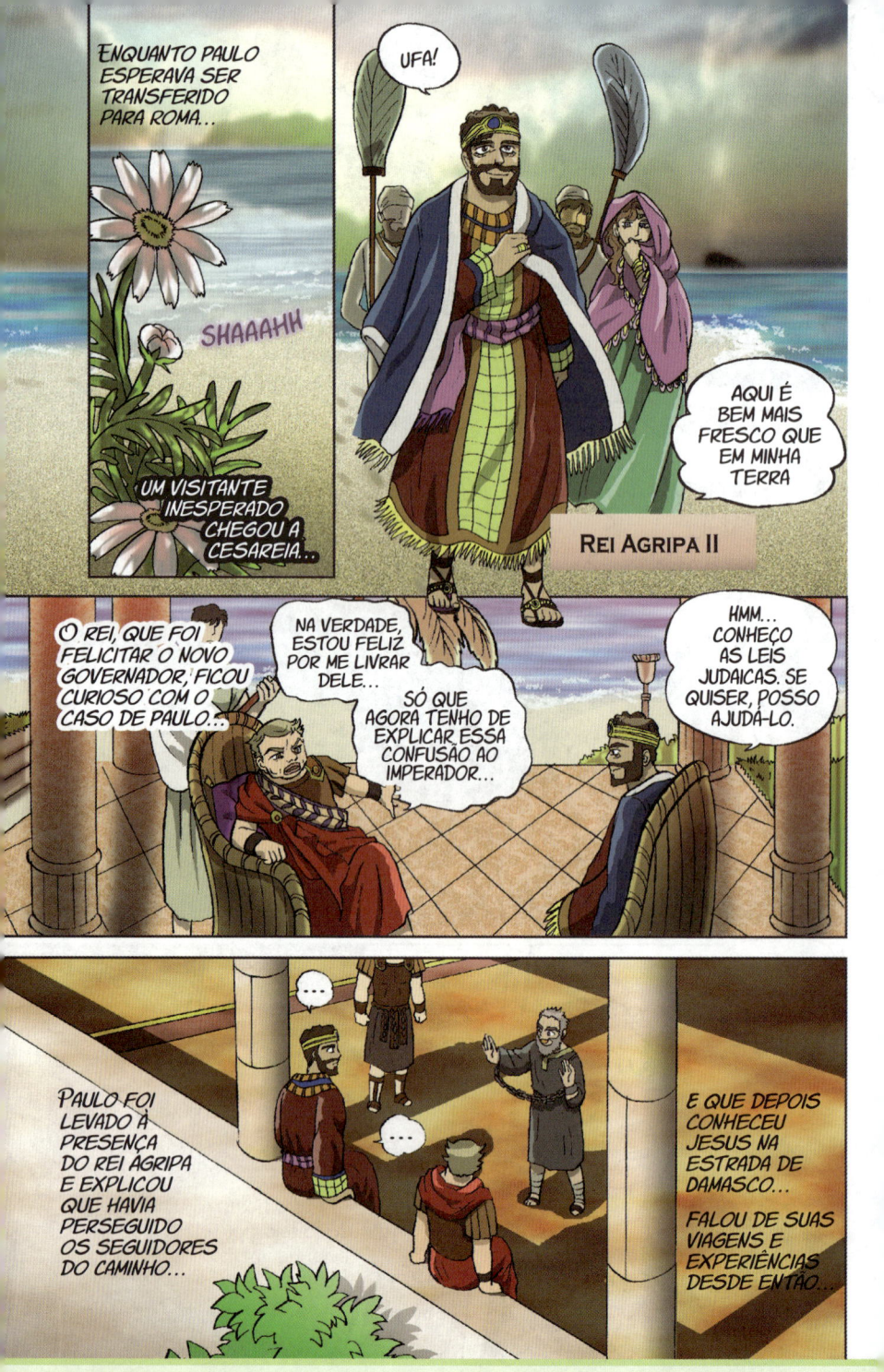

Atos 28.11-16

PERSONAGENS

Jesus, o Messias

O Salvador, que superou a crucificação e a morte com seu poder de ressurreição. Depois disso, ele apareceu a muita gente em vários lugares. As pessoas depositaram suas esperanças nele, e todos que o conheceram depois da ressurreição foram completamente transformados.

Pedro

Quando Jesus disse: "Edificarei a minha igreja sobre esta pedra", referia-se a Pedro. Em nome de Jesus, Pedro realizou muitos milagres, e o alicerce da igreja foi lançado — exatamente como Jesus havia dito.

Paulo

Conhecido inicialmente como Saulo, era judeu até o último fio de cabelo. Foi um perseguidor implacável da igreja, determinado a varrer da terra o nome de Jesus. Teve, porém, um encontro com o Mestre na estrada para Damasco e nunca mais foi o mesmo. Depois disso, falava corajosamente de Jesus e sua ressurreição. Embora causasse alvoroço por onde passasse, nunca se intimidou. Paulo estava determinado a passar o resto da vida anunciando Jesus, seu Salvador.

Estêvão

Foi um homem cheio do Espírito Santo e de sabedoria. Cumprindo sua responsabilidade, Estêvão distribuía diariamente alimento aos necessitados. Embora fosse querido pelo povo em geral, despertou inveja em outros, que o apedrejaram até a morte. Ele foi o primeiro mártir da fé, mas, antes do último suspiro, viu Jesus em pé à direita de Deus Pai.

Marcos

Nasceu em Jerusalém. Foi com o primo Barnabé na primeira viagem missionária de Paulo, mas, no meio do caminho, voltou para casa. Amadureceu sob a liderança de Barnabé, tornou-se intérprete e secretário de Pedro e se empenhou no trabalho cristão ao lado de Paulo e Pedro. Mais tarde, escreveu o "Evangelho de Marcos".

Barnabé

Natural de Chipre e evangelista pioneiro. Embora um tanto temeroso em relação a Paulo logo após a conversão deste, Barnabé marcou um encontro entre ele e Pedro. A reunião resultou na aceitação de Paulo entre os apóstolos. Barnabé reconheceu que Paulo tinha o dom de evangelista e acompanhou-o em sua primeira viagem missionária.

Cornélio

Centurião romano e temente a Deus, Cornélio obedeceu ao anjo de Deus e convidou Pedro para ir a sua casa. Cornélio creu em Jesus e foi batizado. Ele foi o primeiro não-judeu a se tornar cristão.

Timóteo

Filho de pai grego e mãe judia, o jovem Timóteo tornou-se colaborador de Paulo durante a segunda viagem missionária e o acompanhou também na viagem seguinte.

Silas

Substituto de Barnabé, acompanhou Paulo em sua viagem à Ásia Menor. Também era reconhecido como profeta.

Priscila e Áquila

Um casal judeu que fabricava tendas. Conheceram Paulo em Corinto, depois que o imperador Cláudio ordenou que saíssem de Roma. Ofereceram cuidado físico e espiritual a Paulo.

Lucas

Foi o médico que cuidou de Paulo quando ele ficou doente em Trôade. Lucas acompanhou Paulo em suas duas últimas viagens missionárias. Mais tarde, registrou esses eventos no livro de "Atos dos Apóstolos", e também escreveu o "Evangelho de Lucas".

Cerca de ano 30	Crucificação de Jesus
	Nascimento da igreja de Jerusalém
Cerca de ano 32	Martírio de Estêvão
	Conversão de Paulo
Cerca de ano 34	Primeira visita de Paulo a Jerusalém
	Conversão de Cornélio
Cerca de ano 42	Nascimento da igreja de Antioquia (primeira igreja de não-judeus)
Cerca de anos 47-48	Primeira viagem de Paulo (à Galácia, na Ásia Menor)
Cerca de ano 48	Concílio dos apóstolos em Jerusalém
Anos 49-52	Segunda Viagem de Paulo (à Macedônia e Grécia)
	Igrejas fundadas em Filipos, Corinto e Tessalônica
Anos 54-57	Terceira viagem de Paulo (à Grécia e oeste da Ásia Menor)
Ano 57	Paulo na Macedônia
Anos 57-58	Paulo em Corinto
Anos 58-60	Paulo preso em Cesareia
Anos 60-61	Viagem de Paulo a Roma
Anos 61-63	Prisão de Paulo em Roma
	Martírio de Pedro e Paulo em Roma
Ano 64	Perseguição feita por Nero
Anos 66-70	Guerra dos judeus iminente
Ano 70	Destruição do templo de Jerusalém
Ano 95	Perseguição feita pelo imperador Domiciano
Ano 313	A igreja cristã é reconhecida pelo Império Romano
Ano 392	O Cristianismo se torna a religião oficial do Império Romano

1 e 2 Cartas aos Tessalonicenses

1 e 2 Cartas aos Coríntios
Carta aos Gálatas
Carta aos Filipenses
Carta a Filemom
Carta aos Efésios
Cartas aos Colossenses
Carta aos Romanos

1 e 2 Cartas de Pedro
Carta de Tiago
Carta aos Hebreus

1 e 2 Cartas a Timóteo
Carta a Tito
Carta de Judas

Apocalipse de João